*ALEXANDRA NICOD*

# *DESHIELO*

ALEXANDRA NICOD

# DESHIELO

*Prólogo*
JOHN HEMINGWAY

*Epílogo*
PALOMA PEDRERO

*HUERGA & FIERRO editores*

Diseño de Colección: Huerga y Fierro

Primera edición: 2024


C/Sebastián Herrera, 9
28012 Madrid-España
Telf.: 91 467 63 61
www.huergayfierro.com
huerga@huergayfierro.com

I.S.B.N.: 978-84-128764-0-6
Depósito Legal: M-13165-2024
Impreso en Romadac Industria del Libro
Impreso en España/Printed and made in Spain

# *Prólogo*

*No tengo más que elogios para* Deshielo, *el poemario de la poeta hispano-suiza Alexandra Nicod.*

*Se trata de una obra apasionante como quizá sólo una mujer es capaz de escribir. Aún así, siento que hay mucho en su poesía que me habla a mí como hombre. La lucha de Alexandra por alcanzar su verdadero potencial como mujer y artista es heroica y aunque tal vez muchos hombres y quizás incluso algunas mujeres no la consideren como tal, yo creo que es de una valentía enorme. Tan valiente como lo es la lucha de cualquier verdadero artista, y la suya es una victoria que hay que celebrar. O como podría haber dicho mi abuelo:* La vida es brutal en el mejor de los casos y muchos no logran vivirla con éxito.

*Que no quepa la menor duda. Hace falta valor para hacer lo que ha hecho Alexandra, sobre todo cuando se es vulnerable, como lo son los artistas. También hace falta coraje si tienes miedo de los muchos peligros que nos rodean a todos y que siempre han existido, pero aún más en estos días convulsos.*

*Créanme cuando les digo que cualquier buen escritor de prosa o poesía debe ser vulnerable. Un poeta o un escritor que escribe novelas o relatos debe experimentar la vida en toda su belleza y su fealdad si quiere tener éxito en nuestra profesión. Tenemos que* sufrir las hondas y las flechas de la escandalosa fortuna, *como dijo Shakespeare. De hecho, yo diría que no puede haber belleza sin su opuesto. Son dos caras de la misma moneda.*

*Según mi experiencia, para alcanzar todo mi potencial como escritor tuve que abrazar mi lado femenino. Todos los hombres tienen ese lado, pero muchos lo rechazan o ni siquiera se dan cuenta de que lo poseen. Se supone que los hombres han nacido para ser fuertes y para proteger a las mujeres, pero de qué sirve nuestra fuerza si, como hombres, no sentimos compasión o somos incapaces de expresar afecto, ternura o perdón cuando es necesario.*

*Finalmente lo que me sorprendió de* Deshielo, *entre tantas sorpresas, fue encontrarme con estos versos de su poema* Oso:

rompe los barrotes de mi miedo
a la bestia que también soy
enséñame el camino a la oscuridad encadenada
ahí dónde huele a todo menos a buena educación
regálame tus vísceras de hombre empoderado
para despertar a esta mujer
asustada de su propio poder

de niña y contigo ausente
no supe de la importancia de todo esto
buscaba incansable la energía masculina
entre las sábanas de cada uno de ellos
que me da tanto placer

pero ahora
también y ante todo
la busco dentro de mí

ahora
también y ante todo
soy esa nueva mujer

*En definitiva, buscando e incorporando finalmente en sí misma esa energía masculina que había buscado durante tanto tiempo se había convertido en esa nueva mujer. Hizo lo que todos los verdaderos artistas tienen que hacer, encontrar la otra mitad de sí misma, la fuerza masculina, del mismo modo que yo acabé encontrando mi otra mitad, mi lado femenino.*

Deshielo *lo tiene todo... pasión, dolor, anhelo, vínculos y rupturas, además de coraje, honestidad y dignidad.*

*En mi opinión, Alexandra Nicod es una poeta que hay que leer y releer y que se leerá durante muchos años.*

JOHN HEMINGWAY
Jacksonville, Florida, EEUU
2023

*A los traumas por darme poso, empatía y compasión...*

*A la valentía por enseñarme que siempre merece la pena...*

*Al tiempo porque no sólo sana las heridas, sino que también logrará convertir la tragedia en comedia...*

*Al hielo por envolver mi corazón y permitir su deshielo...*

*A mi voz por ser tímida y aún así no querer callarse...*

*A mis ancestros por dar sus pasos y empujarme al precipicio...*

*A mi padre por estar en su ausencia y darme el amor que necesitaba... amor eterno...*

*A mi madre por estar en su presencia y darme el amor que necesitaba... eterno amor...*

*A Adrián, mi hijo, por recordarme el amor incondicional y permitirme amarle con locura...*

*A Paula, mi hija, por recordarme el amor infinito y permitirme quererla con locura...*

*A todas las personas que necesitan sanar sus heridas, encontrar su voz, amar y abandonarse al deshielo...*

*DESHIELO*

*¿Cómo hace uno cuando parece tener más cielo que tierra en su mundo?*

Georgia O'Keeffe

*El arte es una herida hecha luz.*

Georges Braque

## *Origen*

Salí de mi cuerpo como quien sale de una casa en llamas. Mi cuerpo ya no era un lugar seguro. Ya no... Y de golpe se cayeron todos los pájaros del cielo, en pleno vuelo, los blancos y los negros, los grandes y los pequeños, los que vuelan alto y los que planean a ras de suelo... se caen las nubes, el sol se esconde, la luna no aparece... se paran los coches, se petrifican los paseantes, se derrumban los techos de las casas y, de golpe, todas las niñas estallan en llamas, se incendian las hijas y las nietas, las hermanas y sobrinas, las primas y ahijadas, todas las niñas ardiendo en sus hogares, sus habitaciones, sus camas. En cada casa, cada pueblo, cada ciudad surgen llamas, una tras otra, llamas que piden ayuda... y tú las escuchas e intentas gritar... pero sólo eres una niña y las niñas en llamas no pueden gritar...

## *Tú*

Vivo
deseo
...

TÚ

*Yo*

Volver a lo esencial
a lo verdadero
volver a ti...

VOLVER A MI

# *Soledad*

Pecho en llamas
gritando tu nombre

Sufre la ausencia
descubre el crepúsculo de la soledad

Se asoma al vacío
al reflejo de sí mismo

## *Deseo*

Arráncame el oscuro dolor
aplástame

Aplástame con tus dulces huesos
apriétame

Apriétame el terciopelo del alma
clávame

Clávame tu deseo
mójame

Mójame los párpados
mátame

Mátame hasta morir
mátame

Mátame hasta volver a vivir
víveme

## *Quisiera*

Quisiera amarte sin cultivar miedos
ni alimentar monstruos

Quisiera desearte
sin caer en el pozo del pasado
chocar contigo
entre sábanas de esperanza
alumbrando a la nueva mujer

Quisiera que tus yemas supieran
cómo tocar mi instrumento en cada momento
cantar roncos al unísono de nuestro deseo
alimentar el alma a mordiscos

Quisiera que todas las palabras susurradas
se posaran en mi retina
visualizar cada vocal
cegarme contigo

Quisiera que nuestras risas se multiplicaran
en los momentos difíciles
que el aire estancado en el dormitorio
se volviese transparente
cuando el silencio se hace insoportable

Pero
sobre todo
sobre todo

Quisiera volver a verte
al instante de haberte perdido

## *Celos*

Palabras que se clavan en el pecho
enmudece la garganta
agoniza el alma

Celos que asaltan
desde lo más profundo
lava en venas
pegajosa como la hiel

no sentir
                    no sentir
                                        no sentir

no sentir para no llorar
no escupir
no arañar
no gritar
no sufrir

No sufrir
                                        ¡No!

# *Corazón*

Corazón ensangrentado
deseando morir

Corazón encorsetado
conteniendo el miedo a dormir

Corazón aprisionado
empezando a comprender

Corazón agrietado
deseando volver a nacer

## *Dignidad*

Necesito una cosa
sólo una

Dignidad

¡Qué palabra tan delicada!

Dignidad en la vida
en la cama
en mi

Abrazarme y quererme

Desdramatizar...

y enfrentarme al tormento

## *Nieve*

Mi sustrato...

mi cielo y mi tierra
mi luz... mi camino y mi destierro...

Nací en la nieve
de la espuma de leche
entre estrechos valles
y pudorosos montes de venus

Pero nací
y sólo eso importa

Nací...
renací...

y seguiré renaciendo...

## *Sigo*

Te sigo amando
Te sigo anhelando
Te sigo deseando

Sigo... sigo... sigo...

y tú...

...tú ya no estás

## *Volver*

Volar
    de boca en boca
aterrizar
    en frías camas
tropezar
    con múltiples abismos
bucear
    en mil confusiones

y así así así...

                    ...volver a mi

# *Pido*

Pido amor incondicional
        amor sin dolor
Pido no tener miedo de
    ser
        probar
            equivocarme

Pido paz en mis entrañas
saber ignorar los abusos de antaño
perdonar al maltratador
aunque nunca olvidar algo de ese horror

Pido 21 gramos de felicidad cada día
capacidad pulmonar para nuestras carcajadas
humor y cortesía

Pido desinflar el sentido del ridículo
    locura
        tontería
y ganas de tumbarme en cualquier lugar
solo para ver tu alegría

Pido un lenguaje suave y delicado
y roturas del alma curadas con betadine

Pido una infancia feliz para ti
y otra para mi

Pido que olvides para renacer
y pido que no te olvides de mi para crecer

Pido que no te haga sufrir
que seas valiente
sino me siento débil
que seas frágil
para yo ser fuerte por fin

Pido delicadeza a la hora de hablarme de sexo
que te acuestes a mi lado
y me acaricies la espalda
que tus caricias sean suaves
y tu deseo intenso
y que me sorprendas
con tu pasión en cualquier momento

Pido hacer el amor como a mi me gusta
y sobre todo valor
para pedir y decir si algo me disgusta

Pido amistad cuando la pasión se acaba
saber distinguir entre tu dolor y el mío
entre tu deseo y el frío

Pido que me respondas cuando te escribo
que seas amable cuando te llamo
y que no te escondas tras la máscara
de cualquier enemigo

Pido por ti y por mi
por tantos y tantos momentos de pura alegría

Pero ante todo

amor mío

Pido que algún día
sea capaz de amar
de amarte de verdad
sin miedo a estar perdida

## *Déjame*

Déjame lamer mi herida

Déjame sentir este dolor
que es mío y sólo mío

Déjame...

...porque ya me dejaste

## *Tú en mi*

Recuerdo tus susurros en mi nuca
tu humedad en mi boca
tu aliento en mis curvas

Tú en mi

El deseo estalla bajo los escombros...

...vuelvo a vivir

# *Infinita*

Muros en el cerebro
vallas en el corazón
Pozos negros sin fondo

Deseo tu carne en la mía
tu aliento en mi garganta
abrazar el placer contigo

Deseo tus poros exaltados
tu lengua sin miedo
romper el corsé adquirido

A tu lado aprendo a elevarme
sobrevolar miedos
arrancar espinas
sanar heridas...

ser infinita

## *Agosto*

No importa que mis labios continúen
dibujando las vocales de tu nombre
sin obtener respuesta...

Tampoco importa que mis yemas
sigan deseando aterrizar en tu piel
lejana...

Ni siquiera importa que todo mi dolor
se muera por descansar entre tus brazos
ahora ausentes

No
nada de eso importa
cuando el corazón es salvaje y el alma...

ardiente

# *Ser*

Ayer me caí
me derrumbé por lo ocurrido
por lo que dijiste e hiciste
y sobre todo
                    porque quise

revolcarme en el dolor
el sufrimiento y la autocompasión

agarrarme al fuego punzante
quemarme el terciopelo del alma
una y otra vez

quedarme atrapada en las telarañas mentales
enganchada a hilos invisibles
bailando como una marioneta
al unísono de mis dudas y miedos

Pero hoy decido arrancarme el oscuro dolor
con mis propias manos
esas que parecen tan frágiles

Crezco
          me ensancho
                    me inflo

Convertida en atracción de feria
me observo en la mirada de los niños
y por fin
soy capaz de reírme de mi deforme reflejo

Soy ridícula y no pasa nada

A veces incluso algo absurda y me reconforta

Y también soy esa niña
que decidió ser valiente
ese halcón
que no deja de luchar después de cada caída

Soy soy soy

Soy mujer

## *Apego*

Te he amado tanto

Te he deseado tanto

He soñado tanto

Y ahora

estoy llorando...

tanto...

## *Desapego*

Soltar la mano

abrir el puño...

...dejarte ir

## *En el nombre del padre*

En el nombre del padre me llaman puta
En el nombre del padre me gritan
zorra
perra
guarra
cerda
bruja
fulana
lagarta
traidora
traidora por comer de un árbol
culpable por ser mujer

En el nombre del padre me queman viva
me juzgan y me encierran
me crucifican y me entierran

me tapan
me cubren
me cortan mi placer

sí... me lo cortan... me cortan... sangre...
porque mi cuerpo significa pecado
y mi sexo renacer

no soportan desearme
perder el control
verme engendrar
no tener ellos ese rol

quien controle mi vientre
y el milagro de la vida
controla a la especie
muy pronto reducida

por eso
cada día
en el nombre del padre
me convierten en objeto

me controlan
me intimidan
me culpan

me arrancan las alegrías
me cubren de tristezas

me escupen
me lapidan
me venden al mayor

me abusan
me violan
confundiendo el amor

me desean
        me odian
me veneran
        me ignoran
me santifican
        me pegan
me adoran
        me asesinan

En el nombre del padre
en el nombre del padre
del padre
del padre
padre
padre
padre...

¡En tu nombre!

Padre...

...a veces lo único que me queda es...

¡Volverme loca!

## *Loca*

Una puede volverse loca de amor
de placer
de pasión

también
de miedo
al abandono
a la soledad
a la incomprensión

se puede una volver loca
por la nostalgia
de una infancia soñada
por el pánico que surge
incontrolado
en algún momento dado

por el dolor físico
el sufrimiento
que parece inagotable

por la pobreza extrema
la miseria mental
y la deshonestidad en general

por el calvario
del abuso
o de una violación
una se siente loca de impotencia
o llena de compasión

padre… padre… padre…

en este mundo de silencios
de ojos que aspiran almas
de bocas que mastican juicios
de corazones que baten récords
y de sexos que consumen inocencias…

a una a veces sólo le queda volverse loca…

## *La buena educación*

A veces no recuerdo dónde escondí tanta rabia

Siendo hija de la buena educación

adiestrada
machacada
reducida

desaprendí
a defenderme con las uñas
a proteger mi oxígeno con los dientes
a mirar de frente el reflejo oscuro
que me espía desde el corazón

Deseo
aceptar mi sombra afamada
saber poner límites sin mirar atrás
atacar una y otra vez
y no dejar pasar ni una más

gozar libre de etiquetas en mi cabeza
transformar la vergüenza en lujuria
la culpa en gemidos de placer

entre las tinieblas
busco al hombre que me habita
a la tenebrosa alquimista
relucientes encías llenas de poder

ahora dejo de sonreír
cuando en el fondo quisiera morder
y cuando por fin desenmascaro a la niña
que ya no soy

aparece una silueta

lejana...

La verdadera mujer

## *Mi cuerpo es mío*

Aunque en el pasado no haya sabido defenderme
no haya gritado
ni pegado
ni arañado
o si lo hice
me callaron
taparon
rompieron
no los huesos
sino el alma

aunque durante todo este tiempo
muchas veces me haya sentido
bloqueada
petrificada
y asustada sin aparente explicación

y eso a veces se haya interpretado como
un consentimiento o aceptación

aunque creas con razón que soy tímida
y deduzcas por ello que conviene insistir
te consideres generoso
lo seas
y opines que lo haces por mi

aunque pienses saber lo que me gusta
porque todo lo que nos rodea
te invita a imitar
siglos de imposición
de una sexualidad sin realmente amar

aunque los dos asumamos
o se nos ha querido imponer
que el cuerpo menos fuerte lo habito yo
y el deseo más irrefrenable
en cambio no

aunque te parezca maravillosa
estés enamorado de mi
tan profundamente o más
como yo de ti

y aunque desees sentir
mis formas entre tus manos
mi gozo rozando el tuyo
para los dos fluir

a pesar de todo ello
y aunque resulte tan obvio
necesito mirarte a los ojos
mientras me escucho decir:

aunque hoy haya decidido mostrar mi cuerpo
libre
natural
erótico y sensual

aunque ahora necesite
descubrir mi verdadero placer
sin imitar
ni consentir
ni saber a veces cómo hacerlo crecer

a pesar de todo ello
y aunque resulte tan obvio

me repito a mi misma y también a ti:
mi cuerpo
entiéndelo
mi cuerpo es mío
siempre mío
y nunca tuyo para tu único placer

## *Consciencia*

Amanece
al otro lado del mundo
de mi mundo

en la oscuridad
mi corazón habla
me habla de ti

Amanece
al otro lado del espejo
de ese espejo que rompimos juntos

no más reflejos
no más mentiras
no más engaños

Amanece
en la profundidad de mi consciencia
valiente el paso a lo divino

la piel se agrieta
envejece el espíritu
a sabiendas que lo sutil permanece

# *Yin Yang*

No importan los susurros en mi cabeza
ni los ecos de lejanas críticas
solo importa que acepte mi reflejo en mi

integrarme en un solo ser
masculino y femenino

descubrir que la vida es otra cosa
no existe ni el bien ni el mal
y
sobre todo
no es lo que nos enseñan

ni la educación
ni el dolor
ni el quedarse callado

la vida se respira con valentía
sin transpirar tantos miedos

ser valiente para salirse del sendero
y serlo para girarse y pisar su propia sombra

mirarle a los ojos
tú que soy yo
yo que soy

ahí en el suelo
aullando

quiero que seas mía
intégrate en mi ser

...

Aquí y ahora
se abre la puerta a la eternidad

## *Abismo*

No me asustan los abismos
ni los deseos
ni las locuras

no me asustan las calaveras
ni los huesos
ni los ojos desorbitados

pero una vez que salgo al mundo
a ese mundo extrañamente desenfocado
una vez fuera
me asalta la timidez

la buena educación se me coló tan hondo
el pasado
todavía pegado
a mis células de mujer alma vieja

una vez fuera
y muy dentro de mi
agarro mi sombra por la nuca
valiente
dinámica
activa

Ahora soy esa mujer...

## *Oso*

Ausente en tu ausencia
ausente en tu presencia
ausente en mi

buscarte para hacerme entera
no caer una y otra vez
encontrarte en mi sombra
desgarrándome el alma
con tus aullidos de animal encerrado
hincándole los dientes a mi ceguera

rompe los barrotes de mi miedo
a la bestia que también soy
enséñame el camino a la oscuridad encadenada
ahí dónde huele a todo menos a buena educación
regálame tus vísceras de hombre empoderado
para despertar a esta mujer
asustada de su propio poder

de niña y contigo ausente
no supe de la importancia de todo esto
buscaba incansable la energía masculina
entre las sábanas de cada uno de ellos
que me da tanto placer

pero ahora
también y ante todo
la busco dentro de mi

ahora
también y ante todo
soy esa nueva mujer

## *Anhelo*

Ser horizonte
llanura
esperanza
finita

Ser roca
que sostiene desequilibrios
cielo
que abriga caos
mares de plata

Ser lo bello y lo espantoso
lo que engendra deseos
y arrebata mariposas

Ser isla para náufragos
unicornio para incrédulos
tumba para tus secretos

Ser la que se levanta cada día
repartiendo regalos
deshaciendo desechos
esperando esperanzas

Ser la dulce en el apartamento
el alba en la casa
el deseo en el tranvía
la gata sobre el tejado

Ser muchas cosas y ninguna del todo

gallina sin huevo
paloma sin paz
tejado sin zinc
cena sin Judas

traidora sin patria
amante sin raíces
amada errante
errando en sí

Ser la que no sabe quien realmente es
la que ignora su lugar
y se pregunta cada día
a quien debe amar

adónde alargar
esos brazos
esas manos
esos dedos
llenos de esperanza

que anhelan
otro mundo
otra calma
otra paz

sin culpas
ni vergüenzas
ni dolor en el amor

## *Golpe a golpe*

Crecer a golpes
madurar a puñetazos...

transparente
frágil...

Invencible

## *Raíz*

Bucear en la oscuridad
Andar sobre el océano
Saltar de nube en nube

Y siempre...

Volver a mi

## *Doble vida*

Hoy te vomito
Me despierto vomitando
tu rostro
tu piel
tu sexo
...nuestro olor

Hoy te vomito
Tus besos
tus caricias
tus susurros
...nuestro calor

Vomito tus mentiras
inseguridades
cobardías
...todo nuestro amor

Me levanto soñando sueños
y me acuesto engullendo engaños
...y vomito, vomito, vomito
recuerdos
proyectos
ilusiones

Mis ojos te vomitan
Mis cabellos te vomitan

Mis labios te vomitan
Mi pecho y mi sexo te vomitan
Todo mi ser vomita años de entrega
y meses de dolor

Deambulando por las calles
me encuentro con
nuestros paseos
nuestras risas
nuestros rituales y sitios sagrados

y vomito
vomito
vomito

Vomito
arcadas atormentadas de esta
y de otras vidas

Vomito cada día
cada minuto
cada segundo
el hoy
el ayer
y el mañana

...y vomitándote me vomito

De mi boca
...rabia
De mis poros
...furia

De mis venas
...llanto y desamor

Y vomito
vomito
vomito
hasta quedar
exhausta
extenuada
desnuda
desterrada
y una vez más del paraíso expulsada

Tumbada en nuestro lecho
bajo nuestro firmamento
que hoy me devuelve
la imagen de un simple techo

no más estrellas
no más volar contigo
no más universos de color y alegria

Hoy
debajo de ese techo agrietado
que acoge mi vacía mirada

me vomito
me vomito
me vomito

Vomito a la mujer que fui
la niña
la madre
...Penélope

...no más esperas
...no más esperanzas

Me entrego al dolor
acojo su frio sudor
me abro a su olor
y me vomito
me vomito
me vomito

Hoy
por fin
vomito

Me vomito
Te vomito
Nos vomito
hasta quedar
exhausta
extenuada
desnuda
desterrada
profundamente dolida
y aún así

para siempre agradecida

## *Atrévete*

Nunca llegamos a tocarnos
solo a intuirnos

Nunca fuimos lo que realmente quisimos

solo lo que nuestros anhelos nos dejaron imaginar...

## *Santa*

La pasión
amor mío
la pasión es otra cosa...

La pasión no es caminar descalzo
ni llevar en hombros
ni fustigar espaldas
ni clavar espinas

La pasión
nace
crece
y se alimenta

La pasión somos tú y yo

## *Nosotros*

Hay vidas que necesitan del otro
constantemente
del consejo
del apoyo
de la cercanía

Y hay vidas como la tuya y la mía

para amar
                    gozar

y alimentarse de la luz hecha deseo...

## *Cuando ya no estás*

Tus ojos y sólo los tuyos...
Tus labios y sólo los tuyos...
Tu lengua y sólo la tuya...
Tus hombros y sólo los tuyos...
Tu pecho y sólo el tuyo...
Tu mano y sólo la tuya...
Tus yemas y sólo las tuyas...
Tus piernas y sólo las tuyas...
Tus caderas y sólo las tuyas...

Tu corazón y sólo el tuyo...

No... No estoy loca por ti...

## *Miles, Tiger & Coltrane*

Hoy por fin pliego mi tristeza
sofoco su eco bajo copas de cristal multicolor
araño deseo entre los escombros
y follo sin cuerpo
ese cuerpo que no habito si no roza el tuyo

porque...

desde que te fuiste
no sé hacerlo de otra manera

porque... todavía...

donde está mi amor estás tú
mis anhelos... tú
mis risas... tú
mi casa... tú

tú tú tú...
todo tú
solo tú

donde están mis hombros están tus abrazos
mis yemas... tus rizos
mis poros... tu tabaco
mis caderas... tus callos
mis ojos... tu alma

donde está tu hambre está mi satisfacción
tu música... mi compás
tu latido... mi unisono

pero
sobre todo
amor mío

ten muy claro
tan claro como que tú y yo
venimos de la nieve de Invernalia...

donde sea que esté tu corazón
ahí se halla el mío
arrimado...
                diminuto...
                                en silencio...
                                                esperando...

aunque no lo sepas...
no lo notes...

o peor...
             no lo quieras...

## *Lo único*

Luz
luz
luz

Conectar con la luz
Conectar con el viento
Conectar con el sol
Conectar con la tierra
Conectar con los árboles
Conectar con los pájaros
Conectar con el miedo
Conectar con el abandono
Conectar con la rabia
Conectar con la herida

Conectar contigo

Conectar

Conectar conmigo

Luz
luz
luz

No tengas miedo...

## *Semáforo*

Un coche
Tu mano en mi pierna

¿Qué piensas?
No pienso... Siento

El semáforo se pone en verde

Arrebato

## *Vulnerable*

Ahora que tú ya no estás
me asomo a un nuevo mundo
He llorado
gritado
maldecido
He querido vengarme
imaginando mil escenarios
y muchas armas
He sentido una grieta enorme abriéndose paso
en mi pecho
las memorias un fuego
los futuros proyectados juntos un infierno
Sabes
cada recuerdo
dispone de una cantidad justa de lágrimas
ni una más ni una menos
puedes gastarlas en poco tiempo llorando mucho
o en mucho conteniendo cada una de ellas

Opté por lo primero
Por eso
amor mío

lloré
grité
maldije
y hasta me
lesioné

y vuelta a empezar
llorar
gritar
maldecir
lesionarme

hasta que un día
al levantarme
y tropezarme con una foto
un recuerdo
un lugar

ya no surgen más lágrimas

sino agradecimiento
comprensión
sabiduría y visión

Y de repente vuelvo a desear...
a llenar el aire con palabras
significados
amor...

...y miedo...

Soy vulnerable
hasta tomando té en la cocina de mi casa

## *La voluntad de creer*

Porque creo en los duelos
porque creo en las tristezas...

Porque creo en la belleza
porque creo en el valor...

Porque creo en la palabra
porque creo en el amor...

pero
sobre todo
sobre todo...

porque quiero creer
en ti y en mi

## *Deshielo*

Sí, lo admito, tengo miedo. Miedo a la muerte o, quizás, a la vida, a esa vida que en días como hoy se me presenta como un laberinto de incertidumbres, un dédalo de implacables intensidades.

Sí, lo admito, tengo miedo. Miedo a no saber cómo vivir la vida, miedo a transitar por ella sin estar realmente viva, a ser una mera espectadora destinada a verla escurrir. Morir sin haber vivido. Desaparecer sin haber descubierto. Expirar sin haber encontrado. Tengo miedo a desaprovechar el amor, la belleza, las risas. Miedo a dejar caminos sin memorizar, susurros sin confiar, deseos sin soñar. Miedo a ya no estar en este cuerpo conquistado, en esta realidad conocida, en esta vida que puede que sea la última o, quizás, la única.

Existen momentos en los que la vida se me hace tan ínfima y el miedo tan inmenso. Se me desenfocan los pasos, se me acumulan las heridas y las certezas se derriten como el hielo que cubre mi corazón desde el inicio de los tiempos y, de nuevo, surge el miedo. El miedo a no ser suficiente, el miedo al abandono, a la humillación, al rechazo. Miedo a quedarme sola, completamente sola, sola y crucificada. Miedo al sufrimiento, al dolor, a la muerte de las personas queridas. Miedo a equivocarme, a pronunciar palabras prohibidas o vetar mis verdades. Miedo a perder a la persona que amo no por falta de amor, sino por exceso de miedo. Miedo a abrirme y que me hagan daño, a hacerme vulnerable y recibir otro golpe, a volar alto y quemarme las alas.

¿Cómo es posible tenerle tanto miedo al miedo? A que ocurra algo que lo desencadene de nuevo y que me asalte de manera nocturna en forma de ese corazón galopante en la oscuridad que me quiere hablar de profundos secretos y cuyo alfabeto todavía no comprendo.

Sí, lo admito, tengo miedo. Miedo a la muerte o, quizás, a la vida, si no es lo mismo, porque para saber vivir primero hay que saber dejar morir, dejar ir. Por eso me siento tan frágil y a la vez tan valiente. Porque para mi, hay días en las que la noche es un bajada al infierno y el amanecer una enésima huída al cielo. Habitar el desgarro. Permanecer en calma. Desapegar apegos. ¿Pero cómo? ¿Cómo no tener miedo a soltar? ¿Cómo hacer cuando la tierra parece hacerse demasiado leve y la nada se asoma a tu propio reflejo? ¿Cómo?

Quizás no se trate de preguntar preguntas ni de arañar respuestas. Quizás sólo se trate de seguir en el sendero. Seguir y dejar que pase, que suceda, que se obre el milagro. Quizás sea por eso que escribo, que sueño, que sigo. Para permitir el deshielo de mi propio camino.

*Yo estoy en ti y tú estás en mí, mutuo amor divino.*

William Blake

*Todo lo que sabemos del amor es que el amor es todo lo que hay.*

Emily Dickinson

# *Epílogo*

# *Volver atrás*

*Un libro de poemas es un viaje por el alma de la poeta. Alexandra Nicod nos sienta a su lado y nos conduce por un paraje lleno de luces y sombras, de recovecos extraños y pasiones vividas.*

*Para mí ha sido una experiencia fascinante. Pero seguro que única, que diferente a la tuya. Es lo maravilloso de la poesía y todas las artes, que, aunque contengan una expresión totalmente verdadera de su autor o autora, tiene tantos sentidos como viajeros la perciban. A ti que acabas de terminar este trayecto de Alexandra, que acabas de llegar a una parada por ella elegida, no puedo ni debo darte mis impresiones. Las tuyas son las auténticas.*

*Así que se me ha ocurrido proponerte un juego... Volver atrás.*

*Cuando leo un poemario tengo la costumbre de tener un lápiz en la mano y subrayar los versos, las estrofas, los fragmentos o los poemas que más me impresionan. No he evitado hacerlo con "Deshielo". Y derretida ya, te propongo mis versos subrayados para que los busques, los evoques, o juegues a ver si coinciden con los tuyos. Es una manera lúdica de volver a hacer el recorrido, buscando esta vez los lugares más bonitos de una experiencia.*

*Seguro que a Alexandra Nicod le encantaría saber qué es lo que más te ha llegado a ti de sus palabras, de su camino hacia el renacimiento de su ser.*

*Cuéntaselo, ¿Por qué no? Todos los escritores necesitamos mirar a los ojos del lector y que nos diga algo. Los ojos serían mensajes que pueden volar hacia ella de muchas maneras. Aquí están los mías, querida Alexandra. Y mis versos favoritos...*

"...Quizás sea por eso que escribo, que sueño, que sigo. Para permitir el deshielo de mi propio camino."

* * *

"...llamas que piden ayuda... y tú las escuchas e intentas gritar... pero sólo eres una niña y las niñas en llamas no pueden gritar..."

* * *

"...en este mundo de silencios
de ojos que aspiran almas
de bocas que mastican juicios
de corazones que baten récords
y de sexos que consumen inocencias..."

* * *

"...Pido un lenguaje suave y delicado
Y roturas del alma curadas con betadine..."

* * *

"...Amanece
al otro lado del espejo
de ese espejo que rompimos juntos..."

* * *

"Hoy por fin pliego mi tristeza
sofoco su eco bajo copas de cristal multicolor
araño deseo entre los escombros
y follo sin cuerpo
ese cuerpo que no habito si no roza el tuyo"

"...a veces lo único que me queda es...
¡volverme loca!"

* * *

"...gallina sin huevo
paloma sin paz
tejado sin zinc
cena sin Judas..."

* * *

"...El deseo estalla bajo los escombros"

* * *

"...Mátame hasta volver a vivir
víveme"

* * *

"...cada recuerdo
dispone de una cantidad justa de lágrimas
ni una más ni una menos
puedes gastarlas en poco tiempo llorando mucho
o en mucho conteniendo cada una de ellas..."

* * *

"...Nací en la nieve
de la espuma de leche
entre estrechos valles
y pudorosos montes de venus
Pero nací y sólo eso importa..."

"Un coche
Tu mano en mi pierna
¿Qué piensas?
No pienso... Siento
El semáforo se pone en verde..."

* * *

"...Crezco
me ensancho
me inflo
Convertida en atracción de feria
me observo en la mirada de los niños
y por fin
soy capaz de reírme de mi deforme reflejo..."

* * *

"entre las tinieblas
busco al hombre que me habita
a la tenebrosa alquimista
relucientes encías llenas de poder..."

* * *

"...Me entrego al dolor
acojo su frio sudor
me abro a su olor
y me vomito
me vomito
me vomito..."

* * *

"Déjame sentir este dolor
que es mío y solo mío
Déjame...
...porque ya me dejaste"

"...Pero sobre todo
sobre todo
Quisiera volver a verte
al instante de haberte perdido"

* * *

"...Todo mi ser vomita años de entrega..."

* * *

"...por eso
cada día
en el nombre del padre
me convierten en objeto..."

* * *

"...la buena educación se me coló tan hondo
el pasado
todavía pegado
a mis células de mujer alma vieja..."

* * *

"Soltar la mano
abrir el puño...
...dejarte ir"

PALOMA PEDRERO
*Madrid, España*
*Enero 2024*

# *Índice*

Esta obra
se acabó de imprimir
con los auspicios de
Charo Fierro y
Antonio J. Huerga, editores

FINIS CORONAT OPUS